De volta aos anos 60
UMA VIAGEM PELO FIM DO IDEAL REVOLUCIONÁRIO

São Paulo, 2005

De volta aos anos 60
UMA VIAGEM PELO FIM DO IDEAL REVOLUCIONÁRIO
Pierre Bergounioux

Tradução Graziella Beting

Copyright © Edições Verdier, 2003

Dados Internacionais de Catalogação na Publicação (CIP)
(Câmara Brasileira do Livro, SP, Brasil)

Bergounioux, Pierre
    De volta aos anos 60: uma viagem pelo fim do ideal revolucionário / Pierre Bergounioux; [tradução Graziella Beting].
– São Paulo: Alameda, 2005

    Título original: Back in the sixties
    ISBN 85-98325-19-8

    1. Castro, Fidel, 1927- 2. Cuba – Descrição e viagens 3. Cuba – História 4. Cuba – Política e governo – Revolução, 1959-
I. Título

05-7332   CDD-917.291

Índices para catálogo sistemático:
    1. Cuba: Descrição e viagens 917.291

Título original: Back in the Sixties
Capa e projeto gráfico: Cristina Veit
Foto de capa: Interior de bar em Barcelona
Preparação de texto e revisão: Elisabeth Trettin e Luciana Veit
Diagramação: Maurício Francischelli

[2005] Todos os direitos desta edição reservados à *Situações*: uma coleção criada e dirigida por Marcelo Rezende e Luciana Veit
situacoes@gmail.com

Alameda Editorial
Rua Ministro Ferreira Alves, 108 Perdizes
05009-060 São Paulo SP
Tel. (11) 3862 0850
www.alamedaditorial.com.br

Índice

Batidas de coração   27

O azul na paisagem *(Sobre Pierre Bergounioux)*   37

Notas   46

Os trinta últimos anos podem ser reduzidos a nada. Pior que isso. Constituem uma regressão sem precedentes no campo da inovação intelectual, da luta política, da moralidade pública e das virtudes privadas. Pouco antes de morrer, Fellini confiou suas últimas palavras a um personagem anônimo, invisível, de *A voz da lua*, seu último filme. Pode-se ouvi-lo gritar, no meio da noite, com uma voz em que a indignação o disputa à cólera: *"Siamo un popolo di stronzi!"* Logo depois disso, o *maestro*, preocupado em passar muito tempo em tal companhia, eclipsou-se.

As relações do dinheiro tomaram conta de todo o planeta, "as águas glaciais do cálculo egoísta" afundaram qualquer outra motivação e consideração. Os últimos momentos reais, vivos e vibrantes de que tivemos conhecimento remontam aos anos 1960. E é lá que quero chegar.

A oportunidade de ir a Cuba me foi apresentada. Nenhuma idéia do que iria conhecer, nada além de lembranças, algumas imagens em preto e branco de barbudos loquazes e gesticuladores que, nessa minha hégira, eram sucedidos por pequenos homens de olhos puxados, vestidos com folhagens e usando chapéus em forma de cone, nas florestas do Vietnã. De fato, num certo ponto de vista, fazem todos parte da mesma história: são os avatares do desacordo que divide a humanidade em relação à questão da distribuição.

Ora, essa distribuição, nesse intervalo de tempo, parece ter caído no esquecimento. Os defensores da distribuição igualitária entregaram suas armas, tendo os defensores da partilha desigual – a doutrina neoliberal – triunfado nos cinco continentes. Qualquer homem se vê, hoje, como um agente econômico, cuja finalidade consciente não vai além de otimizar a compra e venda de bens e serviços comercializados no mercado global. Essa figura do agente econômico sucede a outras, que estiveram, em diversos momentos, em primeiro plano – latifundiários, patrícios, barões, mestres das corporações de ofício, burgueses manufatureiros da grande indústria e das finanças... – para retomar a fulgurante enumeração do jovem Marx em seu *Manifesto*. Há uma diferença capital, entretanto. Essas figuras tinham, à sua frente, escravos, servos, companheiros, empregados agrícolas e proletários, que asseguravam sua posição. Assim, seguiam aos pares, cuja querela era a própria história. Mas depois o mundo todo parece ter migrado para um único lado. A contradição e o princípio que movia essa estrutura se esfacelaram, e o rio do futuro acabou perdido no lodo. Algumas vozes já proclamaram que a história acabou. É aí que estamos.

Desembarquei, no meio da noite, nessa ilha do Caribe onde o conflito tomara, quarenta anos antes, uma aparência radiosa, exemplar, que por vezes, em certos lugares, se diverte em tomar. Exemplos vêm desde o ano 70 de nossa era, quando 30 mil escravos dos latifúndios da Itália do Sul, levados por um pastor da Trácia tornado mirmídone, dispersaram as legiões enviadas para combatê-los, fizeram Roma tremer, até que foram derrotados na Lacânia, tendo Espártaco na liderança, sob a ação provisoriamente combinada de Crasso e Pompeu.

Mais tarde, mais ao norte, em Paris, a Convenção, atacada externamente por tiranos coligados, e internamente pelos *chouans**, proclama, pela boca de Robespierre, que a República é invencível como a verdade e

---

*Camponeses do oeste da França, defensores da realeza durante a Revolução Francesa. [N.T.]

imortal como a razão. Depois, ainda, mais a leste, em São Petersburgo, mujiques, trabalhadores e marinheiros erguem sua bandeira vermelha no frontão do Palácio de Inverno depois de terem atravessado, com armas em punho, seus salões de marfim, ônix e malaquita. A história se transfigura em lenda. Os gladiadores revoltados, os burgueses radicais, eloqüentes, de peruca, com o rosto coberto de pó-de-arroz e os intelectuais apátridas da Europa Oriental cristalizam a atenção do planeta. Eles têm, em suas mãos, a promessa. Em seguida ela lhes escapa.

Provavelmente nunca houve desilusão comparável à nossa. A URSS se desintegrou, os partidos revolucionários e os movimentos de liberação nacional caminham para seu fim. Depois de entrar, conosco, em sua fresca juventude, o mundo envelheceu, rolou pelos degraus dos anos 1970, 1980 e 1990. Nenhum grande feito, nenhum feito de armas, surgiu depois disso, para dilatar o coração da humanidade. Nada além de abatedouros, carnificinas, matança de ratos de esgoto que se exterminam em suas fossas, pelo único motivo de serem servos ou croatas, tutsis ou hutus, negros ou brancos, católicos ou protestantes. Em resumo, assistimos aos piores e mais arcaicos princípios de identificação e oposição – é como se saíssem da lama, do fundo da noite em que jaziam enterrados, para encobrir a paisagem com as trevas.

Cuba. Antes de tudo, faz um calor insólito para um inverno. Aqui, essa palavra não designa os dias baixos, encurtados, desfolhados, com um céu cinza e frio negro, mas algo que lembra, aqui, o fim de maio, as primeiras horas de junho, quando é declarada a bela estação, lisa, úmida, nova, na qual nos surpreendemos transpirando às quatro horas da manhã. Em seguida, no hall do aeroporto, um filme obsceno passa seguidamente nos televisores. Ele mostra turistas de tipo europeu ou norte-americano esquiando nas ondas, atrás de um *outboard*, depois tomando daiquiris românticos sob coqueiros ao entardecer, antes de se chacoalharem numa boate. Definitivamente, é o fim. O endinheirado está em todo lugar, acompanhado da "clássica idiota", como diz Fellini, e o melhor a fazer seria voltar para o avião.

Mas é preciso passar pela estreita passagem onde bigodudos em uniforme mostarda, com o brasão do ministério do Interior costurado no ombro, examinam com um olhar desconfiado os passaportes. Nos encaram, antes de devolver os documentos, sem uma palavra. Saímos. Subimos num ônibus que se embrenhou pela noite entre terrenos baldios e periferias. Num muro, à luz de lampião, havia inscrições. Não era uma pichação revoltada, zombando de um sub-proletariado despossuído de projeto político, ou até de uma linguagem articulada, mas um slogan oficial pintado com capricho: "Essa revolução foi feita por uma idéia, por idéias." Mais longe: "Nós venceremos." Mais longe ainda: "Cuba, sim!" Entre as primeiras palmeiras, um rosto de Che de 15 metros quadrados, um monte de ferragem, cascatas de flores e blocos de habitação nos quais estava faltando alguma coisa, que a noite dissimula com seu manto. A claridade do dia me diria, no dia seguinte, o que era. Voltarei a isso.

Porque há uma outra coisa, outros sinais de que não foi apenas pela porta de vidro do aeroporto que passamos, mas pela porta do tempo.

Dois Dinky Toys deslizaram, um seguido do outro, ao longo do ônibus, o Plymouth Belvedere, que eu não tinha, com sua grossa barra cromada, dividindo longitudinalmente o protetor do radiador, e o abundante Buick Skylark, modelo 1953, que fazia parte da minha coleção. Ele surge do fundo da minha infância e vem ao meu encontro. De repente, hoje é ontem – a não ser que ontem não tenha passado, pelo menos para todos. Que, desgostoso do que iria se tornar caso cedesse seu lugar ao amanhã, o ontem tivesse se instalado, sob a eterna primavera cubana, para sempre. Um curioso veículo esconde o Buick, um caminhão de estrada atrelado a uma carreta constituída de um ônibus com as extremidades elevadas, sem as rodas da frente – chamam isso de "camelo". À medida que nos aproximamos de Havana, imóveis como o que se vêem em Dniepropetrovsk ou Krasnoïarsk brotam por toda parte do caminho, e a sensação de que falta alguma coisa fica mais precisa, com a certeza, agora, de que uma criança gigante foi dormir sem guardar sua coleção de carrinhos em miniatura.

Não sei se dormi, naquela noite. Não há indícios, nos sonhos, que nos indiquem que aquela não é a realidade como tampouco, aliás, em um canto de realidade, para nos lembrar de ficarmos atentos, pois aquilo não é um sonho. Suponho que, passada a porta do tempo, a distinção entre estar acordado ou estar dormindo cai, junto com a que opõe o presente e o passado. Essas distinções são, uma e outra, apenas conseqüências da divisão ontológica que Descartes estabeleceu outrora entre as duas substâncias, extensa e pensante, que nos constituem. Ele deduziu disso toda sua filosofia. O grande fuso horário pode ter ajudado também a retirar essa barreira que separa as horas, o que existe e o que gostaríamos que existisse, nossos desejos e a realidade. O que faz com que, sonhando – provavelmente com os Dinky Toys, com a infância, com os dias que acreditamos ter passado num contexto marcado por carros em miniatura, ornado por rostos, slogans e imagens do tempo de antigamente –, a diferença entre o que nós representamos, em pensamento, e o que descobriríamos abrindo os olhos tenha sido abolida e portanto não posso saber se dormi.

Talvez dormimos porque não suportaríamos durante 24 horas por dia o contato com aquilo que chamamos – sem ver nisso malícia – de real. Ele é a fonte de tantas contrariedades, dores e desapontamentos que só podemos nos acomodar fechando os olhos, com a cumplicidade da escuridão. É, portanto, indiferente, se eu tenha dormido ou não, já que essa distinção não existia mais. Uma coisa é certa: eu estava de pé, num dia antes do dia seguinte, sozinho, sobre a mureta que ocupa a extremidade oriental do Malecón, considerando, com os olhos abertos – isso eu notei – a seqüência do sonho que tinha tido, se dormi, ou a realidade que prolongava esse sonho, já que era tudo a mesma coisa. A saber: sonhava com o fim da noite sobre o mar no verão nascente e o brinquedo da criança que cresceu sem tornar-se adulta porque adivinhou, com o instinto divino da tenra idade, que o tempo seguinte seria o do desencantamento e da perda.

Então os deuses da infância mandaram seus Dinky Toys crescerem e atingir a escala 1 – que corresponde ao formato de adulto. Eles obedeceram e, fiéis, roncavam pela avenida que margeia o mar, diante desse garoto que eu fora e que, conforme os carros passavam, murmurava seus nomes: Chevrolet Corvair, De Soto Coupé preto, Ford Fairlane dois tons, branco e rosa-claro, Lincoln Continental, etc. Quando o deus do Tempo julgou que eu estava pronto, que poderia suportar isso, passaram, seguidamente, o Cadillac 55 com o rabo-de-peixe que o fazia – o faz – ficar parecido com um avião e um GAZ-69, um jipe soviético, em seu fardamento cáqui, que desfilava fazendo um barulho de lataria velha, típico de um carro com esse nome.

Se só coubesse a nós prolongar indefinidamente o sono, eu ficaria para sempre empoleirado naquela mureta, olhando os Dinky Toys que se deslocavam sozinhos, sem precisar da ajuda da nossa mão, nem de nossos lábios para imitar seu barulho. Mas o tempo passa, seja porque dá voltas em círculos, seja porque foge tangencialmente. E o sol nasceu. Como o sonho, a realidade, os dois misturados, se estendiam tão longe quanto o olhar pudesse alcançar, seria realmente uma pena não explorá-los. Nunca pensamos, em sonho, em percorrer sistematicamente o país dos sonhos. Mas este sonho incluía o elemento distintivo da realidade, que é o que nos permite constatá-la, sem que – diferentemente do sonho – ela se apague logo. Pensei que aquela era a oportunidade de se embrenhar no tempo, em toda a parte decorrido, já que aqui ele era agora.

A outra prova, da qual eu não pude me assegurar, à noite, de que o tempo não passara por ali, era a descoloração e a degradação que atinge todas as coisas – os carros, as casas, as fachadas –, pelo simples efeito do tempo. O presente é coisa de tinta fresca. Nós sonhamos em cores. Eu já verifiquei. Mas por não nos preocuparmos em controlar se a pintura dos sonhos é recente ou não – já que sonhamos e não sabemos disso –, eu ignoro se ela envelhece à proporção que as coisas que vemos em pensamento são antigas e distantes.

O espírito do tempo escondeu as latas de tinta que poderiam ter permitido aos cubanos colocar na moda as fachadas rebuscadas da velha Havana, os casebres de madeira das periferias, os imóveis pós-stalinistas parecidos com pedaços de asteróides caídos nos canaviais e manguezais que margeiam a costa. O tempo parou, para não adentrar nos dias desastrosos que o sucederam. Eis trinta anos, os trinta gloriosos. Mas, para que o tempo perdure, é preciso uma contrapartida. Não se pode retocar as construções fendidas pelo sol e pela chuva, dar uma mão de tinta nas madeiras desbotadas, nivelar o calçamento cheio de buracos que mais parecem crateras. Os Pontiac, os "camelos" e os GAZ entram com tudo nesses buracos, como brinquedos jogados no chão de cascalhos, e saem fazendo um rangido, com a suspensão agonizando e as barras de torção martirizadas.

No Malecón, que é o equivalente da Promenade des Anglais, da Quinta Avenida ou da Champs-Élysées, não há um lampadário em cada dez que funcione, nem um bueiro de esgoto tampado, ou a beirada de uma calçada que não esteja afundada ou arrancada. E isso também é normal. É o efeito do tempo, a partir do momento em que se decreta que ele não será mais levado em consideração, pois não é o que se quer. Ele não traria nada de bom. Vai-se esperar até que ele decida se estender ou, mais exatamente, ultrapassar, conservando, segundo uma fórmula célebre, aquele tempo de antes, o qual, por não ter passado, permanece vivo, apesar de pálido, razoavelmente descascado e desbotado. É a multa que se deve pagar por ter dito não.

Basta – sabemos disso – um detalhe imperceptível, a menor contradição na soma dos atributos que constituem o que batizamos com o nome de real, para que ele saia voando em disparada. A literatura é costumeira desse procedimento, cujas conseqüências são incalculáveis. Tomemos a história mais prosaica que seja, o herói mais terno, um funcionário de escritório sério, escrupuloso, que acorda sempre na mesma hora, todo dia, enfia seu terno barato, mas limpo, toma o café e deixa sua família para chegar pontualmente no trabalho. Uma manhã, ao acordar, ele descobre que se metamorfoseou numa barata. Quanto a isso, nada de extraordinário. A Bela Adormecida, as histórias passadas de geração em geração e os contos infantis nos acostumaram a esses prodígios fáceis.

Sim, mas a barata continua a raciocinar como um homem, e conserva, intacta, a faculdade signalética da espécie, que é a de pensar, e a intenção de utilizá-la ao máximo. E então nada mais dá certo. O pequeno livro de Kafka abre uma brecha aterrorizante na sombra augural, infestada de monstros pálidos que pululam na escuridão para acometer a realidade.

Eu suplicava para que um traço vindo do futuro, ou do presente – depende, como quiser –, não aparecesse num canto, num interstício, porque meu sonho desmoronaria como um castelo de cartas. Ou porque a realidade – o que dá na mesma – repentinamente não seria nada mais que um sonho. Por outro lado, eu pretendia não perder nada dos detalhes que ignoramos quando dormimos. Sabendo que eu estava sonhando, seria uma pena deixar passar a oportunidade de explorar, com a maior vigilância, o país do sonho. Eu estava, portanto, ansioso para reencontrar inopinadamente o detalhe insólito capaz de arruinar, por si só, tantos mundos, a falha imperceptível com que uma máscara, um cenário ou um pensamento se traem. Estava, ao mesmo tempo, curioso para percorrer essa região contraditória, o passado vivo, o presente de outros tempos.

    Talvez porque o anjo do bizarro tenha conduzido meus passos longe dos enclaves cosmopolitas onde se vende – em dólares, exclusivamente – bugigangas eletrônicas japonesas, roupas italianas, perfumes franceses, hambúrgueres com pão de forma e coca-cola, ou talvez porque isso não exista na área limitada por onde eu avançava, as impressões que eu recolhi eram coerentes. Todas datavam do embelezamento de dez anos, mais ou menos, que o século 20 conheceu entre o fim dos anos 50 e o momento, digamos, em que Armstrong colocou seu pé na Lua. É o intervalo que separa, em Cuba, a entrada dos barbudos em Havana da morte de Guevara na Bolívia.

    Por todo lado passavam os Dinky Toys crescidos, ao lado da criança que recusou as negações da idade, o fim dos tempos e a ausência, primeiro desoladora depois entusiasta, em segundo ou terceiro grau, da camada de pintura que tornaria suportável, senão agradável, aqueles blocos de concreto, que pareciam ter sido transplantados da Sibéria central e instalados debaixo dos coqueiros. O charme poderoso dessa época que se instala como pode na ilha, depois de ter sido caçada por toda parte, é que ela pisoteava as velhas partilhas, as distinções primitivas, mistificadas, raciais, religiosas e tribais.

Trabalhadores europeus se sentiram menos próximos de seus compatriotas capitalistas que dos trabalhadores do país inimigo, de camponeses vietnamitas, dos rebeldes argelinos, de trabalhadores braçais sul-africanos, tudo mais ou menos orquestrado por um Kruchtchev, gordo, bom comediante e suficientemente corajoso, em qualquer estado de causa, para denunciar o horror profundo no qual se transformou o ideal de todos os explorados, de todos os oprimidos da Terra.

Qualquer uma das menores ruas de Havana reúne, como que fechados num recipiente, o Cadillac 55 banhado de azul celeste, um caminhão Moskva estacionado, algumas palavras de ordem declamatórias e ingênuas, às vezes poéticas, parecidas com aquelas que apareciam nos muros em 1968. Há o eco de *La Bamba*, que uma orquestra interpreta ao longe, um Cervantes empoleirado como um eremita, a quatro metros do solo, segurando a pena numa mão, e na outra as folhas de *Dom Quixote*, e butiques vazias como as que se via em Bédarieux ou Guéret em 1959 – já que 1959 tinha permanecido junto com a década seguinte, sobre o solo dessa ilha. Há mais uma prova de que as fronteiras foram movidas, pelo menos, para mim: os pássaros.

Nada é despropositado já que se trata de um sonho, do país que o prolonga, cheio de proibições, de lutos, pesado, desencantado, que nós habitamos sob o emblema de realidade. Nas extremidades do dia, entre o começo do mês de maio e o fim de julho, acontece alguma coisa na qual eu sempre prestei uma extrema atenção. São os martinetes. Não se deve confundi-los com as andorinhas. Pequenas as imitações, inteiramente negros e empenados, eles fendem o ar com um assobio falso, em bandos fechados, dando razantes nos tetos com um bater precipitado de asas, o fio de seus gritos materializando a órbita que traçam no céu, amarelado pela alvorada ou tornado água-marinha pela noite. Dizem que eles dormem enquanto voam, levados pelos sopros da noite, e eu acredito. Eu ouvi, algumas vezes, seu trinado extasiado, bêbado, cair do céu negro onde sonhavam, de olhos fechados, asas estendidas. O que eles vieram fazer nessa história? Veremos.

Estamos na Cabaña, uma fortaleza que comandou a entrada de Havana, serviu como prisão para os contra-revolucionários, homossexuais e dissidentes e abriga, durante uma semana, uma manifestação cultural internacional. Uma tribuna foi erguida sobre a plataforma superior. Ela se destaca, gloriosa, no entardecer. Castro, de verde-oliva, como na grande época – mas ela continua, como todo o resto –, está lá. Ele se aproxima do microfone. No espaço de tempo de um minuto ou dois, distante aproximadamente trinta metros, eu me pergunto se será mesmo ele, se ele é real. A voz que é repercutida pelos amplificadores parece com as madeiras descoloridas, fachadas descascadas.

Hesita, parece querer se apagar, morrer.

Depois, aconteceu alguma coisa que eu não identifiquei, não somente porque não sei uma única palavra de espanhol, mas porque é preciso viver nos sonhos para conhecer suas leis, compreender suas peripécias, prever sua seqüência. Os três ou quatro mil cubanos amontoados na esplanada, entenderam. A voz, de repente, estava inflada, forte, como há quarenta anos, quando declarava que a Revolução sabe também ganhar as batalhas. Ou o contrário, mas dá tudo rigorosamente na mesma. A coisa que tinha empalidecido como as pinturas, o ideal, os *sixties*, retomava seu peso de coisa, sua virtude galvânica. É Castro em pessoa, sem a menor dúvida, que se anima, levanta um dedo, se pendura, abre os braços, traz de volta ao peito. É ele agora, e eu surpreendo, nesse instante, dois enviados do verão, dois martinetes girando pelo céu de fevereiro, como se tivessem esperado, escondidos nos bastidores, que fosse erguida a tela que separa o presente do passado e o sonho, da realidade. Durante todo o tempo que dura o discurso, até o cair da noite, os martinetes passarão e passarão novamente – eram quatro, ao todo – sobre o *Lider Máximo* e quero crer que tenham continuado a planar bem depois de sua partida, na escuridão.

Naquela mesma noite que entro na jóia da coleção, a Studebaker Commander, de 1953, desenhada por Raymond Loewy com um capô em ogiva de fuzil, um porta-malas rebaixado, desmesuradamente longo. O que faz com que tivéssemos sempre um segundo de hesitação – eu me lembro –, para distinguir a frente da traseira e fazê-lo rodar no sentido certo. Quando encostei a extremidade das nádegas no interminável banco traseiro, voltei definitivamente à infância, a menos que, desvendando a parede oposta do tempo, eu não tenha tido o antegosto do futuro, quando essência e aparência viverão reconciliadas, em um Um substancial, para sempre.

Continuemos. A Stud com painel de controle simplificado, pueril, com volante de material plástico creme, mergulha sob o mar, pelo túnel dito dos franceses, que liga a fortaleza ao outro lado da baía. Nos perguntamos se sairemos vivos. Havana está saturada de óxidos e vapores de combustível queimado. Os motores estão cansados, a carburação incorreta. Diríamos que são banhados com petróleo bruto, que a lama grossa, grudenta e fedorenta que jorra das entranhas da terra é diretamente despejada nos reservatórios. Explora-se petróleo ali por perto. As instalações *offshore* surgem a duzentos metros do rio, com suas tochas que queimam dia e noite. Avançamos pela névoa de fumaça negra, deletéria, que vomita, na frente, um Oldsmobile, que, por sua vez, é tomado por uma espécie de fogueira que sai de um "camelo".

É um alívio voltar para o ar livre, com uma certa visibilidade. Numa praça, uma escultura em pedra, abstração ligeiramente figurativa, faz referência, ela também, a uma época em que as formas tenderam a se emancipar, a agradar sem buscar um conceito, como diz o outro, mas sem encontrar, de fato, a força de romper com a tradição. Elas esboçam, aqui, uma cabeça simplificada; lá, um braço reconhecível.

Logo depois, acreditamos ter cruzado uma compressão colossal sobre um pedestal de concreto. É um velho SU-100, com o canhão apontado para a magnífica porta de entrada, de batente duplo, do Palácio dos Governadores.

Eu já tinha visto o SU-100 – que é apenas um T-34 russo convertido em canhão de assalto – no jornal das oito de quarenta anos atrás, no formato Dinky Toys, que a televisão de então mostrava, confundidos, o D21 futurista, o 404 de Bourvil e o Facel-Véga de Albert Camus, esmagado pelo acidente. Ele cresceu, também, como o Studebaker Commander, como nós todos, mas sem se desfazer, como fazemos com a idade, do brilho da infância. Pelo contrário.

Se antes ele aparecia em preto e branco, com o busto de Castro de charuto na boca emergindo de uma armadilha, hoje o SU-100 ostenta, sobre seu pedestal, um brilho de novo. É a ele que se destinam os dez litros de tinta que Cuba importa ou produz, em ano bom ou ruim. Ele não tinha tal lustro quando cospia fogo pela Baía dos Porcos. Se, como eu postulo, é pela coerência interna que se reconhece o real, o sonho ou a unidade superior, mística, que os transcende, então nada é atual, vivo como o tempo, em qualquer outra parte já desaparecido, quando a chama imortal, invencível, da Revolução, para retomar os termos de Robespierre, inflamou a ilha.

Uma praça, ligeiramente retraída, tem árvores plantadas. Umas estão peladas, como em fevereiro, outras floridas, outras num verde abundante, glorioso, de junho. Na praça, sob um vidro, há um barco em tamanho natural. É o *Granma*. Ele levara os 82 ativistas que partiram do México para conquistar Cuba com o entusiasmo que se vê nos garotos de dez anos, seus propósitos e suas seriedades. Eles sofreram abominavelmente com os enjôos. Sua barcaça afundou sobre um banco de areia a três quilômetros da costa. Eles tiveram de ganhar a margem com água até o peito, atravessando o mangue. Com isso, perderam sua munição e seu lanche, e deram de cara, na chegada, com as tropas especiais de Batista, que exterminaram quase a totalidade do grupo. Os sobreviventes, exaustos, famintos e com poucos cartuchos, se refugiaram nas montanhas da Sierra Maestra. Um dia, saíram de lá. A seqüência da história todo mundo conhece.

Em torno da vitrine, onde o *Granma* parece uma maquete reduzida, está guardada a panóplia dos *sixties*. Dois antigos aviões a hélice lhe fazem companhia – e nos perguntamos se eles voaram a favor ou contra os castristas. Não há sombra de dúvida, por outro lado, em relação ao poste elétrico munido de pontas de asas triangulares, obliquamente dispostas sobre um berço de ferro. É um míssil solo-ar soviético. Ele foi propulsado ao ápice de sua notoriedade pelo canhão Mach 3, no 1º de maio de 1960, dia da festa do Trabalho, abatendo o avião espião de Gary Powers – que se pensava ser inatacável –, a 80 mil metros de altitude, acima de Sverdlovsk. Kruchtchev, espumando de raiva por fora, mas internamente exultante, aproveitou para se descalçar, na Assembléia Geral da ONU, e martelar o púlpito de madeira envernizada com sua pesada bota russa. O mundo era jovem. Pensávamos estar na escola maternal, não fosse o fato que os brinquedos eram bombas termo-nucleares de cem megatons, que os dois Ks ameaçavam todas a manhãs jogar um contra a cabeça do outro. É um milagre que, justamente na época do caso de Cuba, elas tenham ficado em suas caixas. Senão, não haveria mais traço de vida sobre a Terra. Até as baratas, sob sua carapaça, teriam sido irradiadas até a morte.

Ao lado, o que poderíamos imaginar serem "monstros", eram objetos deixados na calçada para serem levados pelos lixeiros na manhã seguinte: baixelas de alumínio, fogareiros a gás e geladeiras em péssimo estado. De perto, distingue-se um leme de direção amassado, um pedaço de fuselagem, partes de aviões americanos arrancados do alto firmamento pelo poste alado que a União Soviética importou para os trópicos com os GAZ e os grandes blocos cinza de concreto.

Finalmente, vê-se, como ontem, nessa comunidade que rompeu e pulverizou o maremoto neoliberal com seu individualismo furioso, pessoas sentadas nas ruas, no domingo de manhã, diante de suas casas, em fileiras. Isso se praticava, quando eu era criança, nos dias bonitos, em minha província. Depois, o hábito se perdeu. Não nos falamos mais. Não partilhamos mais a experiência coletiva – o que explicaria, em parte, as incompreensões mútuas e os ódios cruzados, os fenômenos anômicos classificados apressadamente sob o rótulo de insegurança, os abismos por toda a parte, escancarados pelo disparate e derrelição. Um antropólogo americano, Marshall Sahlins, lembra que há duas maneiras de ficar rico: trabalhar bastante e desejar pouco. Eu não estou longe de ver como um luxo supremo ficar uma manhã inteira sentado entre os meus, no vento morno, sem fazer nada além de deixar o tempo passar.

Não é apenas a pintura que falta em Cuba – que sofre, do contrário, de uma pletora de bigodudos com uniforme do ministério do Interior. Boas almas já disseram tudo isso melhor do que eu poderia fazer. É por isso que falei dos sonhos. Apesar de serem imateriais, eles não são menos reais. Um desses sonhos ainda permanece no mar do Caribe, precário, pálido, mas ainda tangível. Eu tive esse sonho.

Batidas de coração

O universo, dizem, bate como um coração. Ele passa por fases alternadas de dilatação e contração. Os corpos celestes se distanciam uns dos outros pela impulsão que receberam da deflagração primordial – o *Big Bang*. Uma certa coloração vermelha, que a observação astronômica detecta, atesta isso. Mas talvez chegará o momento em que, com essa energia dissipada, as forças gravitacionais levarão vantagem. A matéria, violentamente empurrada para a periferia, irá refluir para o centro. Diástole, sístole. São ordens de grandeza, de duração, que assustam. É o resgate da disposição singular, talvez única no cosmos, que nos foi deixada: o pensamento. Um francês, Blaise Pascal, fixou essa vertigem, outrora. Ela faz a trágica grandiosidade da humanidade.

A história, quando tentamos vê-la do alto – se isso é permitido a quem se encontra preso nela – parece, ela também, passar por fases sucessivas de expansão e retrocesso. Desde aproximadamente dois séculos, quando os homens se empenharam em fazer isso com conhecimento de causa, a história parece obedecer a pressões alternadas de forças contrárias. Umas, reacionárias, tendem a fixar o movimento, a manter uma certa ordem – ou uma certa desordem – que tem, como invariável, a desigualdade sob as mais diversas espécies: a exploração, a opressão, o desprezo, etc. As outras, revolucionárias, trabalham pura e simplesmente para purgá-la da superfície da Terra.

Foi com esse objetivo que se destinaram os grandes idealistas da Revolução Francesa. No 27o Brumário do ano II (28 de novembro de 1793), por exemplo, Robespierre, a quem só resta seis meses de vida, sobe à tribuna para apresentar um relatório sobre a situação política da República. Era a pior época. Todos estão exaustos, pálidos. A bruma não sairá de cima de Paris. Lampiões fuliginosos queimam na sala sombreada. Os rostos estão tensos, consumidos pela sombra. O perigo nunca fora tão grande. Por todo lado, nas fronteiras, os inimigos, a invasão que ameaça. No interior, os camponeses obscurantistas do oeste e os *chouans* se agrupavam por trás dos nobres. Esse era o quadro que o orador esboça metodicamente, com toda pompa, entremeado por figuras – "as serpentes da calúnia, o dragão do federalismo, a asa da liberdade". Por mais terrível que fosse a conjuntura, por mais profunda que fosse a preocupação que ela inspirava, é à luz da Razão que Robespierre a pinta, sua luz impessoal, um pouco fria, que ele joga sobre "a liga dos escroques decorados em nome do rei", as intrigas tenebrosas dos banqueiros e a fraqueza funesta da Gironda. No momento de concluir, ele se deixa levar pelo sonho. Deplora que seus propósitos estejam encerrados dentro dos limites da Assembléia. "Se eles pudessem ressoar na orelha de todos os povos..." – sua voz deve ter inflado, se alterado – "as flamas da guerra seriam apagadas, os elos do universo, quebrados, e vocês teriam tantos amigos quanto existem homens na Terra".

Sabemos como isso continua: o refluxo do Termidor e o Império. Mais tarde, os dias de fevereiro de 1848, depois aqueles, sangrentos, de junho, antes do golpe de Estado de 2 de dezembro de 1851. Depois ainda a Comuna de Paris e o muro dos Federados, o outubro de 1917 e os bufões, assassinos que o capital industrial e financeiro ergue sobre estradas pavimentadas de feixes de armas e suásticas.

A história acelera seus batimentos cardíacos.

A questão da distribuição está inscrita na ordem do dia. E permanecerá enquanto não receber a resposta apropriada. Importa muito pouco que ela seja essencialmente histórica, tributária de condições materiais determinadas, ou que o germe seja depositado, como Rousseau afirma, no coração humano, onde os melhores sentiram, tão longe quanto alcança a memória, e ainda além. A repartição é o princípio motor dos acontecimentos, uns exaltantes e líricos, outros prostrados, dos quais se constata a alternância desde que o conflito tomou, com os tempos modernos, uma característica explícita, declarada.

Tocamos hoje, sem dúvida, no fundo. É sob os auspícios de uma hora tão baixa que se abre o terceiro milênio. Trinta anos de regressão, de desilusão, seguiram trinta anos de impulso, de esperanças.

A URSS se desmantelou, com as democracias populares da Europa oriental. Os países em via de desenvolvimento trocaram seu direito de primogenitura pelo prato de feijão do Banco Mundial e do FMI. Os partidos revolucionários caminham para seu fim em toda parte. Vozes se erguem para proclamar que a história acabou, que seu coração parou de bater. Elas dizem que o mundo é um mercado global, todo homem é um calculista hedonista cuja ambição serve apenas para otimizar a compra e venda de bens e seviços. Os povos estão em vias de experimentar o neoliberalismo. Depois do sudeste da Ásia e da Rússia, é a vez da Argentina.

Dezenas de milhões de pessoas verificam a incidência concreta de critérios financeiros aplicados ao conjunto de domínios da atividade.

A história não se repete. Mas passa regularmente por altos e baixos, sob a influência da contradição que a trabalha. Outros períodos pareceram, assim como o nosso, sem perspectiva nem amanhã. A *Belle Époque*, por exemplo, que vê os Estados-nações disputarem a supremacia planetária, de armas na mão, a Internacional faltar com seus engajamentos e entregar seus comitentes – trabalhadores, camponeses – ao massacre. Havia com o que se desesperar.

Um russo exilado na Suíça lê os jornais do verão de 1914, acaricia sua barbicha e depois confia a seus companheiros que essa guerra é o presente do czarismo à revolução. Claro, não se abrem presentes assim. Espera-se o momento, a noite do aniversário, a manhã de Natal. Por hora, a Europa unânime se engaja, com a flor no fuzil, na guerra moderna. Quanto tempo será necessário para compreender por qual causa estrangeira inumana, por quais interesses inconfessos ela foi sacrificada, é o que Lênin – o russo – se reserva o direito de prognosticar. Um certo tempo deve correr, em que cada segundo cristalize uma quantidade até então desigual de sangue, de lágrimas, para que os combatentes se voltem contra seus inimigos verdadeiros. Estes não estão escondidos na trincheira da frente, mas sentados, atrás deles, nos conselhos de administração das grandes firmas, nos escritórios do Estado-maior, sob os tetos ornados das residências reais ou governamentais. Chegará o dia em que trabalhadores, mujiques e marinheiros vão se apoderar do Palácio de Inverno.

O pensamento, dizem, não é nada além de um gesto contido, uma palavra engolida. A meditação ocupa os intervalos da ação. Enquanto nos excitamos na Unter den Linden ou na Champs-Elysées, o pequeno homem de barbicha vai até a biblioteca municipal de Berna. No silêncio recolhido, austero e quase atemporal da grande sala, ele se debruça sobre as obras aparentemente mais distantes da situação de cataclisma, as mais abstratas. Ele estuda com um cuidado especial, pena na mão, a *Ciência da lógica*, de Hegel. Há a questão, em termos etéreos, da contradição e da auto-superação. Preocupado em seguir com sua leitura depois que a biblioteca fechar, ele consegue, apesar de seu status de estrangeiro, que lhe deixem levar os livros para casa. Ele os coloca numa sacola de lona, como as que as donas de casa usam para fazer compras. É mais ou menos para isso, para fortificar seu espírito e perfazer sua noção do real, que esse árido alimento vai servir. Quando três anos terão se passado, o mundo inteiro será testemunha disso e terá mudado.

A contradição persiste. O momento em que estamos lembra um pouco com aquele de cem anos atrás, quando tudo parecia perdido, e o imperialismo, com seus compadres – o chauvinismo e o belicismo – parecia triunfar. Esses momentos de recuo, de estagnação, se prestam à reflexão. Algumas coisas nascem, outras morrem. A vida e a realidade validam as hipóteses justas e as escolhas judiciosas; elas sancionam os erros. O destino desastroso do socialismo do frio foi aquele de um desastre, a negação de uma negatividade. Amargas lembranças, do inverno. Outras, felizmente, brilham com uma luz juvenil, conservam a frescura atordoante da primavera. Entre elas, as tribulações de um punhado de jovens em Sierra Maestra; a sua entrada, algum tempo depois, em Havana; a reforma agrária e a baía dos Porcos; o exemplo, a alegria comunicativa da qual uma ilha no Caribe se torna, um belo dia, o lar. Cuba.

O maior filósofo do século 20 foi um alemão. Ele se chamava Edmund Husserl. Seu maior livro se intitula *A crise das ciências européias*. Ele se volta para uma realidade que a filosofia ocidental atravessou sem ver. Nós possuímos um saber vivido, vital, sobre o qual não refletimos. Nosso espírito, em seu esforço em direção à verdade objetiva das coisas, esquece a relação imediata que o une a elas. Antes de se revelar como essência ao olhar da ciência, o mundo existe como fenômeno subjetivo. Os que nunca filosofaram sabem tão bem quanto os filósofos se uma coisa é boa, justa, direita, ou se não é. É o que Husserl chama de "o mundo efetivamente experimentado".

Eu passeei pelos bairros populares de Cuba. Há impressões que não enganam. Sentimos quais tipos de homens nos rodeiam, quem são eles, em qual meio humano, significativo, estamos imersos. Me senti bem.

Ora, nós sabemos, desde Aristóteles, que foi o maior filósofo da Antigüidade, que o homem é um animal político. Essas impressões que retiramos não têm nada de natural. Elas são a conseqüência de decisões políticas, atos preparados, princípios explícitos. Eu não conseguia, passeando pelas ruas, distinguir o sonho da realidade – e era com essa confusão, precisamente, que eu tinha sonhado.

TEXTO LIDO EM PÚBLICO PELO AUTOR NO SALÃO DO LIVRO DE HAVANA, SÁBADO, 9 DE FEVEREIRO DE 2002.

O azul na paisagem

O francês Pierre Bergounioux é o discreto operário na grande e ativa indústria cultural francesa. Nascido em 1949 em Brive-La Gaillarde, ele recusa o mundo social e literário parisiense e escolhe a discreção de uma vida como professor de francês para estudantes do primeiro ciclo na região de Chevreuse (sudoeste de Paris), onde mora e pratica, além da literatura, a escultura. Sua obra é marcada pela memória e pelo rompimento. Mais do que apenas um balanço emotivo, seus textos mapeiam o desarranjo criado a partir das transformações decorrentes dos acontecimentos políticos, da modernidade tecnológica do século 20 e do ocaso do universo rural, que enfrenta a cada dia seu próprio desaparecimento.

Em 2003, o cineasta franco-suíço Jean-Luc Godard escolheu Bergounioux para apresentar uma reflexão no filme *Nossa música*: a de que os vencedores, diante dos vencidos, não ocupam apenas o território, mas a língua, as palavras, e toda conquista não é definida pelo terreno que se ocupa, e sim pela cultura que se toma e se transforma. Tudo o que restaria para a humanidade agora é o dever diante do passado, a missão de tentar preservar a memória atacada e modificada, uma forma de viver e pensar que morre um pouco mais a cada instante.

"Lacan fala em algum lugar de um outro que recebe sua mensagem sob uma forma invertida. Por razões que me ultrapassam infinitamente, as pessoas como eu não seguiram as ordens que o mundo as legou. Há países sem legenda, universos mudos. A sombra e o silêncio reinavam sobre a zona acidentada que separa a Auvergne da bacia da Aquitânia. A falta de acesso à planície fértil, à grande cidade, a ausência da vista sobre o vasto mundo e a idéia, consequentemente, da parte ínfima que tinha sido reservada a nós, a nossa triste particularidade. A ignorância onde os pequenos povoados são enterrados tinha talvez por função, infalivelmente, de tornar suportável a ingratidão fundiária, a áspera paisagem, os vales húmidos e as alturas arborizadas. Se tivéssemos suspeitado do peso de nossa desgraça e da crueldade da nossa privação, teríamos perdido o desejo, a força para continuar. Mas as coisas têm o passo sobre o espírito. Notamos nosso destino apenas no momento em que as estruturas materiais da sociedade agrária tradicional deslocavam-se. E porque se desfazia sob a ação combinada da mecanização e do comércio, pareceu para nós o que era: arcaica, miserável, ultrapassada. A consciência é uma aquisição tardia, o negativo, em nós, das coisas que se foram. Tenho esperado muito tempo pelas explicações que teriam dissipado os mistérios eternos da infância, e também aqueles que encombriam o campo da nossa experiência. As respostas não vieram. A pergunta nunca foi feita. A autarquia e a imobilidade reinavam. O nada começava nas fronteiras do cantão. Arriscava-se além apenas forçado, forçado pela guerra, para passar por uma cirurgia gravíssima em algum hospital de Clermont-Ferrand ou de Bordeaux, levar o tio-avô aventureiro que vivia, digamos, em Paris. Nos adaptávamos tão mal quanto bem a uma visão exígua, confusa, homogênea, no teatro estreito e sombrio onde toda a realidade era encenada. Imagino, sem razão, sem dúvida, que aqueles com quem vivi, para começar, imaginaram, às vezes, a possibilidade de serem fixos. Qual a razão? O fato de que aquilo que se conhece pouco, e o que se tem ao redor, ajuda a atravessar a complicação e o mal de nossa ignorância mais do que é efetivamente nocivo. Guardo em todas as fibras da minha infância, e nos dois ramos de minha ascendência, um mundo antigo. Tenho contas a prestar. Gostaria de pagar a dívida que contraí, ter em troca os esclarecimentos daqueles que me precederam, e que vi ao longe. Mas há o tempo. E agora que poderia me dirigir a eles, falar com eles, estão todos mortos".[1]

A aparição de Bergounioux no cenário francês acontece em 1984, com a publicação, pela editora Gallimard, do romance *Catherine*, escrito em 12 dias. O livro mostra a história de um luto: a vida após o fim de uma relação de dez anos e o desejo de poder reconquistar uma mulher que decretou a morte de algo construído por uma década. Em seguida, seus textos não se detêm apenas no romanesco. Bergounioux se aproxima do ensaio, oferece ao leitor uma delicada e particular voz pronta a refletir sobre a obra de William Faulkner, as sutilezas da língua francesa ou os sentimentos que uma antiga foto de um velho avião de Guerra pode provocar naquele que a olha, como no livro *B-17 G*, publicado em 2001; ou, mais um exemplo, quando recria todo um mundo, como na experiência oferecida por *Un peau de bleu dans le paysage* ("Um pouco de azul na paisagem"), lançado no mesmo ano pela editora Verdier: uma meditação sobre o tempo geológico e uma procura pelo espírito de uma existência camponesa desaparecida. Uma forma pessoal de literatura.

"A literatura é uma arte, ou seja, na acepção de Durkheim, uma prática sem teoria. Mas de todas, é a que participa no grau mais elevado, em estado quase puro, da reflexão. Ela perde tudo se ignorar a si mesma como tal, se deixar de lado sua própria determinação. Ela pode evitar alguns dos perigos que a ameaçam – e são muitos – tomando o que é necessário, tomando um pouco de distância em relação a si mesma. O plano geral, a segunda ordem, ou terceira, de acordo com Popper, que atravessamos às vezes para avaliar a precisão de nossas decisões, a justificação dos nossos julgamentos, não é etéreo, um país de brumas ou repleto de nuvens, mas um território inteiramente feito de espíritos resolvidos e filósofos que por muito tempo o exploraram e o cartografaram. A literatura está sujeita a duas espécies de problema. Deve contar com o que não está nela, o presente, a vida, o real. E porque ela guarda, de maneira oblíqua, o contato com o mundo, que suas criações aparentemente mais loucas, *Dom Quichote* ou o inseto de Kafka, levam à sua mais elevada expressão o sentido de uma época, iluminam a essência de nossa condição. Por outro lado, a literatura arrasta o peso crescente da sua própria história. Herda formas que são, com efeito, tanto posturas quanto pontos de vista, objetos pré-fabricados que correm o risco de roubar-lhe a riqueza inesgotável da experiência, roubar dela sua própria possibilidade. Certos estilos são impróprios, não fazem nada pelo que guardam, inexpressivos, na sombra, esperando serem ditos nos termos novos que são necessários. É sob a luz de uma concepção global, de uma visão que ultrapassa, que a literatura pode reduzir a incerteza extrema que se une a seu projeto. Agir com conhecimento de causa é se descobrir determinado em suas escolhas mais pessoais, em sua mais íntima subjetividade, por condições objetivas, materiais. Marx: 'A essência do homem é o conjunto de suas relações sociais'. Há no entanto um momento de inteligência. Ela não se limita a registrar passivamente o que existe independentemente dela. Cabe-lhe comunicar a necessidade, que é imensa, e em seguida usar sua liberdade. Parece tão duvidosa, tão fina! O aparecimento dos arautos do idealismo, o cavaleiro Descartes, Hegel, tem valor de um exorcismo. Proclamam a autonomia, muito relativa, da reflexão, a virtude, tão tênue como a imaginamos, a iluminação que nos habita, sua contribuição específica, irredutível, para a realidade."[2]

Quando *De volta aos anos 60* aparece diante do leitor francês em 2003, Pierre Bergouniuox ganha uma nova face. Os objetos de seus livros deixam de se referir a um passado distante, e ele propõe de alguma maneira o procedimento contrário: é o fato da história recente que, estranhamente, se parece (ou se converte) em algo sem origem, quase mítico. Não é apenas de Cuba ou do saudosismo revolucionário que o escritor fala. Seu livro vai mais além: realiza um precioso comentário sobre as expectativas da civilização diante do que ela mesma constrói ou põe abaixo. Sua carta enviada ao futuro.

"A Feira do Livro de Havana suscitou comentários hostis de boa parte da imprensa. Os escritores cubanos que vivem na França juntaram suas vozes evocando a censura, as medidas policiais, o exílio ao qual foram forçados. Sobre esse ponto, só é possível lhes dar razão. O melhor serviço que a política pode prestar à literatura é não ocupar-se dela. Eles se originam de dois registros distintos. A política responde aos interesses práticos, atuais, às necessidades vitais. Dispõe, para esse efeito, do duplo monopólio da cobrança fiscal e do uso legítimo da violência física. A literatura é um "transcedental histórico"; ou seja, uma atividade situada e datada, como toda são, mas cujos efeitos têm a validade indeterminada, universal, eterna. Homero sobreviveu enquanto o decreto de Platão que o caçava, retroativamente, da *polis*, caducou, Flaubert está mais vivo do que nunca, e o procurador imperial, Ernest Pinard, que o arrastou até os tribunais, esquecido. Quem poderia ser o ministro do Interior que proibiu em 1971 o livro de Guyotat, *Eden, Eden, Eden,* para a livre circulação da qual, em contrapartida, me recordo claramente ter apoiado? A literatura tem uma parte vinculada com as camadas escondidas da experiência, o possível do qual a realidade se afastou, o alto vôo da temporalidade: o pensamento, do qual um francês do passado deduziu a sua existência e tirou toda sua filosofia. Menos explícita, em contrapartida, são os argumentos políticos que inspiraram os detratores da feira. Nada-se nas superfícies ('o país dos direitos do homem', 'a liberdade', de um lado, 'a ditadura', do outro). Um dilúvio neoliberal varreu o planeta, levou a

União Soviética, o movimento de liberação dos países emergentes, os partidos operários. Deixou uma ilha após sua passagem, Cuba. Os cubanos têm uma política, em uma definição minima, que é existir como tal, como princípio autónomo de decisão e de ação, e não, como é a tendência em toda parte, dependente da atividade econômica dominada por grupos financeiros gigantes em disputa pela conquista de mercado em todo planeta. Quando, como é o caso na França, não existe mais uma alternativa política, logo, da política efetiva, a questão fundamental, a distribuição, é posta de lado. Isso faz, entre outras consequências, com que a grande literatura continue longe de uma imensa maioria da população, mesmo se ela tiver rendimento suficiente para comprá-la. As medidas escolares, corretamente revolucionárias, e a ação cultural que possibilitaria a todos o acesso, são a última preocupação dos governantes. Sei do que falo. Ensino em colégios de subúrbio há mais de 25 anos".[3] Pierre Bergounioux é um autor que faz ainda perguntas diante dos fatos da história, alguém que reivindica o espaço para a reflexão autônoma diante do que parece, de todas as formas, inevitável.

SITUAÇÕES, SETEMBRO DE 2005

Notas

1 Entrevista para a revista *Prétexte*, outubro de 1999
2 Idem
3 Informativo da *Maison des écrivains*, abril-maio-junho de 2002

Situações

Imaginada como uma forma de intervenção cultural junto ao leitor, a coleção *Situações* oferece breves ensaios sobre temas, personagens e questões contemporâneas.

Divida em dois módulos, *Situações* e *Situações S.I.* – com textos que comentam a atual produção de som e imagem e seus criadores –, a série promove o trabalho de novos autores no cenário cultural brasileiro a fim de propor uma ágil e original reflexão sobre os fatos do mundo.

ESTE LIVRO FOI IMPRESSO EM PAPEL PÓLEN USANDO OS TIPOS
ADOBE GARAMOND E KNOCKOUT EM SETEMBRO DE 2005.